MODEL WYCENY AKTYWÓW KAPITAŁOWYCH

Model wyceny kapitału

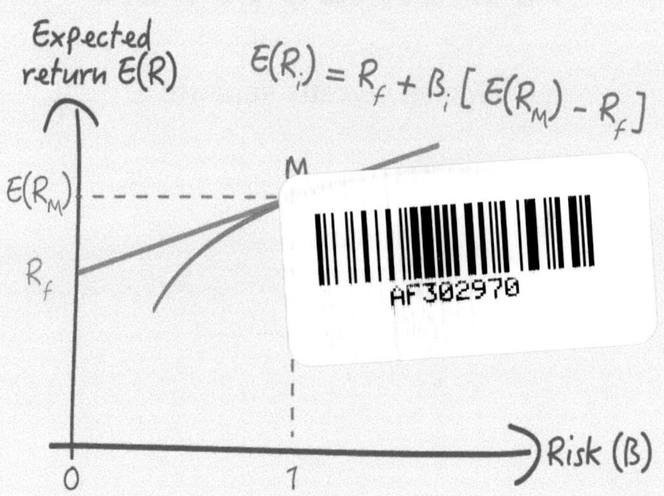

MODEL WYCENY AKTYWÓW KAPITAŁOWYCH

Model wyceny kapitału

napisany przez Ariane de Saeger
przetłumaczony przez Kâmil Kowalski

50MINUTES.com

MODEL WYCENY AKTYWÓW KAPITAŁOWYCH

KLUCZOWE INFORMACJE

* **Nazwy:** Capital asset pricing model, CAPM.

* **Zastosowania:** CAPM jest matematyczną metodą szacowania rentowności dowolnego aktywa finansowego. Prognoza zwrotu jest obliczana w zależności od ryzyka, jakie niesie ze sobą dane aktywo.

* **Dlaczego jest ona skuteczna?** CAPM jest jedną z najpopularniejszych metod oceny ryzyka dla aktywów finansowych. Jej skuteczność była jednak krytykowana przez ekonomistów takich, jak Richard Roll (amerykański ekonomista, ur. 1939).

* **Słowa kluczowe:**

  * <u>Rynek kapitałowy</u>: Miejsce spotkania podaży i popytu na kapitał. Podaż odpowiada oszczędnościom (nadwyżce dostępnego kapitału) udostępnionym tym, którzy chcą pożyczyć. Ci, którzy pożyczają, stanowią popyt (zapotrzebowanie na finansowanie). Równowaga na tym rynku ma kluczowe znaczenie.

  * Aktywa <u>finansowe: Aktywo</u> to papier wartościowy lub kontrakt, który daje posiadaczowi możliwość uzyskania zysku w zamian za dane ryzyko. Na przykład: Kupuję akcje (aktywo finansowe) w nadziei,

że z czasem ich wartość wzrośnie i będę mógł je sprzedać, aby osiągnąć zysk. Jeśli jednak wartość akcji spadnie, poniosę stratę na swoim zakupie.

○ <u>Stopa procentowa</u>: Stopa procentowa przedstawia koszt pieniądza. Pozwala zatem obliczyć koszty związane z pożyczaniem lub inwestowaniem pieniędzy. Stopę procentową można również określić jako wynagrodzenie uzyskiwane w przypadku inwestycji.

○ <u>Portfel</u>: Wszystkie zbywalne papiery wartościowe (w szczególności akcje i obligacje) będące w posiadaniu osoby, firmy, banku itp.

○ <u>Zwroty</u>: Rentowność zainwestowanej kwoty. Jeśli zainwestuję swoje pieniądze z oprocentowaniem 7%, a przyjaciel zainwestuje tę samą kwotę z oprocentowaniem 4%, to mogę powiedzieć, że mój zwrot z zainwestowanego kapitału jest lepszy niż jego.

○ <u>Giełda papierów wartościowych</u>: Publiczna lub prywatna instytucja, która umożliwia wymianę aktywów i transakcje papierami wartościowymi (takimi jak akcje). Innymi słowy, jest to rynek finansowania i inwestycji, na którym cena jest ustalana zgodnie z podażą i popytem.

WSTĘP

W latach 50. XX wieku nastąpił rozwój rynków finansowych, które stały się idealnym pośrednikiem w równoważeniu możliwości i potrzeb finansowych różnych podmiotów gospodarczych. Ich celem było zapewnienie finansowania gospodarki za pomocą różnych środków (oszczędności, zakupy papierów wartościowych, zakupy aktywów itp.) Z inwestowaniem w aktywa finansowe wiążą się dwie ściśle powiązane zmienne: zwrot i ryzyko.

Aby lepiej zdefiniować te dwie zmienne, przeprowadzone zostały badania przez różnych ekonomistów:

- Frank Knight (amerykański ekonomista, 1885-1972) w 1921 roku zdefiniował pojęcia "niepewność" i "ryzyko".

- Prace Harry'ego Markowitza (amerykański ekonomista, ur. w 1927 r.) dały w 1950 r. początek nowoczesnej teorii dywersyfikacji, od 1952 r. znanej jako nowoczesna teoria portfelowa. Teoria ta przedstawia finansową refleksję nad wykorzystaniem dywersyfikacji do optymalizacji portfela. Jest to najbardziej zbliżona wersja do obecnego CAPM.

- Wreszcie w latach 60. i na początku 70. XX wieku amerykańscy ekonomiści William Sharpe (ur. 1934), John Lintner (1916-1983) i Fischer Black (1938-1995) oraz norweski ekonomista Jan Mossin (1936-1987) opracowali wcześniejsze modele finansowe, dając początek CAPM.

👁 DEFINICJA MODELU

CAPM jest wykorzystywany zarówno na rynkach finansowych, jak i do rozwiązywania problemów finansowych w biznesie. Model obliczeniowy oparty jest na pomiarze ryzyka systematycznego, oczekiwanej rentowności oraz stóp procentowych. Innymi słowy, CAPM umożliwia oszacowanie stopy zwrotu z danego aktywa, w stosunku do jego ryzyka.

TEORIA

W niniejszym rozdziale przedstawiono informację na temat metody wyceny aktywów finansowych z czysto teoretycznego punktu widzenia, aby umożliwić uchwycenie wszystkich niuansów CAPM.

KONTEKST

Model ten został opracowany w czasie, gdy wszystkie rynki finansowe ulegały poprawie i standaryzacji. Został stworzony, ponieważ inwestorzy chcieli być bardziej świadomi ryzyka inwestycji finansowej.

Wkład Markowitza

CAPM stanowi rozszerzenie nowoczesnej teorii portfelowej Markowitza, zarówno w swoich założeniach, jak i wnioskach. Markowitz podkreślał korzyści płynące z dywersyfikacji portfela dla inwestorów, którzy chcą uzyskać najlepszy stosunek ryzyka do zwrotu.

Markowitz uwzględnia w swoim modelu pięć założeń:

1. rynki finansowe są efektywne, co oznacza, że cena i zyski z aktywów finansowych zawsze dokładnie przedstawiają wszystkie dostępne informacje o tych aktywach;

2. inwestorzy są niechętni ryzyku, dlatego nie podejmują dodatkowego ryzyka bez gwarancji dodatkowego zysku;

3. rynki są zrównoważone;

4. na rynkach zrównoważonych nie ma możliwości arbitrażu, ponieważ podaż aktywów doskonale odpowiadałaby popytowi na te aktywa, a cena byłaby wtedy naturalnie zrównoważona;

5. i wreszcie, inwestor dokonuje racjonalnych wyborów.

👁 DEFINICJE

Możliwość arbitrażu: Możliwość zmiany przez inwestora portfela aktywów zgodnie z jego przewidywaniami. Konkretnie, jest to operacja (kupno lub sprzedaż), która jest odwrócona dla dwóch różnych rynków, dwóch produktów lub dwóch terminów. Możliwość ta polega na wykorzystaniu anomalii handlowych.

Korelacja aktywów: Związek pomiędzy dwoma aktywami finansowymi zmierzającymi w tym samym kierunku (korelacja dodatnia) lub w kierunku przeciwnym (korelacja ujemna).

Wkład Markowitza jest dwojaki. Z jednej strony podnosi on fakt, że korzyści z dywersyfikacji portfeli aktywów nie wynikają z braku korelacji między zwrotami, ale raczej z ich niedoskonałej lub częściowej korelacji. Z drugiej strony wykazuje, że redukcja ryzyka związana z dywersyfikacją jest ograniczona przez stopień korelacji między aktywami. W konsekwencji Markowitz pokazuje, że dywersyfikacja zmniejsza ryzyko bez wpływu na rentowność.

Natomiast model wyceny aktywów kapitałowych rozszerza zakres, ponieważ uwzględnia wszystkie podmioty gospodarcze.

GŁÓWNY CEL CAPM

Jak już wspomniano, celem CAPM jest dostarczenie inwestorowi jak najwięcej informacji o ryzyku i potencjalnej rentowności aktywów finansowych, w które chce zainwestować. Bystry inwestor wybiera albo efektywny portfel ryzykowny, albo równowagę między aktywami ryzykownymi i nieryzykownymi. CAPM pozwala na ustalenie ceny równowagi aktywów.

ZAŁOŻENIA MODELU

DEFINICJE

Odchylenie standardowe: Najczęściej stosowana miara rozproszenia w celu nakreślenia tendencji centralnej. Mierzy zatem zmienność w stosunku do średniej.

Oczekiwanie: Reprezentacja przeciętnego zysku lub straty, które dana osoba prawdopodobnie otrzyma w ramach eksperymentu losowego.

- Wszyscy inwestorzy są uważani za "inwestorów" zgodnie z definicją Markowitza: rozpatrują każde aktywo tylko pod kątem ryzyka/rentowności. Rynek jest pozbawiony "tarcia", co oznacza, że nie ma kosztów transakcyjnych, prowizji itp.

- Zyski kapitałowe i dywidendy nie są opodatkowane.

- Rynek jest zrównoważony, a inwestor może kupić lub sprzedać dowolne aktywo, o ile nie ma to wpływu na cenę akcji; informacja jest przejrzysta.

- Inwestorzy nie lubią inwestycji wolnych od ryzyka. Dlatego wybierają wyższy lub niższy poziom ryzyka w zależności od rekompensaty, jaką mogliby z niego uzyskać (premia za ryzyko).

- Inwestorzy mają ten sam horyzont czasowy, co pozwala na pewną standaryzację analiz.

- Inwestorzy w ten sam sposób przewidują przyszłe wyniki papierów wartościowych.

- Inwestycje są nieskończenie podzielne: możliwe jest kupowanie lub sprzedawanie ułamków akcji lub portfeli.

- Inwestorzy kontrolują ryzyko poprzez dywersyfikację.

- Inwestorzy mogą pożyczać lub wynajmować dowolną sumę pieniędzy po stopie wolnej od ryzyka.

- Rentowność aktywa szacowana jest za pomocą oczekiwanego zysku w danym horyzoncie czasowym, a jego ryzyko szacowane jest za pomocą odchylenia standardowego jego przeszłych wahań. Przykładowo, relatywnie ryzykowna akcja będzie wykazywała wahania cen, a tym samym wyższe odchylenie standardowe.

Przyjmijmy, że istnieje jednorodność w zakresie wartości oczekiwanych, odchyleń standardowych i wariancji, a także korelacji pomiędzy różnymi aktywami finansowymi.

Ponadto każdy portfel składa się z tego samego rodzaju aktywów. Różne są jedynie proporcje – procent ryzyka (niski lub wysoki) – aktywów ryzykownych i nieryzykownych.

SKŁADNIKI MODELU

CAPM opiera się na tym, że różne aktywa i portfele aktywów są analizowane pod kątem relacji ryzyka do zwrotu, a wyzwaniem stojącym przed każdym inwestorem jest dążenie do stworzenia portfela o maksymalnej użyteczności. Istnieją trzy zasadnicze elementy składające się na efektywny portfela:

- linia rynku kapitałowego, która wykrywa różne kombinacje ryzyko-zwrot;

- premia rynkowa, która określa koszt ryzyka;

- współczynnik beta, który mierzy ryzyko danego składnika aktywów w stosunku do ryzyka rynkowego.

Linia rynku kapitałowego (CML)

Linia rynku kapitałowego pokazuje kombinacje ryzyka i rentowności aktywów finansowych. R_f to poziom rentowności dla aktywów wolnych od ryzyka (na przykład obligacji rządowych), natomiast M odnosi się do ogólnej kombinacji obserwowanej na rynku, zwanej również portfelem rynkowym. Wybór kombinacji będzie zależał od profilu inwestora i jego awersji do ryzyka.

Premia rynkowa i CAPM

Inwestor potrzebuje premii rynkowej, która pokryje podjęte ryzyko. Im większe ryzyko, tym wyższa premia i tym bardziej strome nachylenie CLM.

Wskaźnik ryzyka beta

CAPM nie mierzy poziomu ryzyka, ale raczej względne ryzyko aktywów lub portfela w stosunku do rynku, zwane ß (beta). Innymi słowy, beta to relacja między zmianami ceny aktywa finansowego (jest to znane jako "zmienność") a zmianami cen na rynku w ogóle. Jest to wrażliwość lub elastyczność ceny aktywa w stosunku do indeksu giełdowego reprezentującego rynek. Im bliżej wartość beta jest do 1, tym mniejsza jest zmienność aktywa.

Premia za ryzyko związane z danym składnikiem aktywów finansowych jest zatem równa współczynnikowi beta pomnożonemu przez ogólne ryzyko rynkowe.

CAPM jest równy premii za ryzyko aktywów i lub portfela oraz premii za ryzyko rynkowe pomnożonej przez wartość beta rozważanych aktywów.

Oczekiwany zysk z kapitału dla składnika aktywów i ($E(R_i)$) można obliczyć, jeżeli znana jest stopa bezpiecznych papierów wartościowych, beta składnika aktywów oraz premia rynkowa. I odwrotnie, jeśli znany jest zysk z kapitału, można również obliczyć ryzyko.

ZALETY

 **CZY WIESZ, ŻE...?**

Stopa dyskontowa to stopa pozwalająca na przekształcenie wartości przyszłej w wartość bieżącą, przy uwzględnieniu faktu, że im dłuższy jest okres pomiędzy teraźniejszością a przyszłością, tym bardziej maleje wartość bieżąca.

CAPM oferuje kilka korzyści:

- pozwala na obliczenie różnych zwrotów dla danych aktywów;

- ułatwia podejmowanie decyzji gospodarczych i finansowych poprzez obliczanie ryzyka;

- model jest prostszy w użyciu niż teoria cen arbitrażowych, choć jest mniej dokładny z ekonometrycznego punktu widzenia;

- istnieją dwa przydatne zastosowania tego modelu:
  - pomiar wyników zarządzających funduszami;
  - obliczanie odpowiedniej stopy dyskontowej do oceny przyszłych dochodów przedsiębiorstwa.

WNIOSEK

Jest więc zrozumiałe, że generalnie racjonalny inwestor będzie wybierał zdywersyfikowany portfel aktywów finansowych (ryzykownych i nieryzykownych), aby zapewnić maksymalną efektywność i ograniczone ryzyko.

Choć trudno ocenić jego skuteczność, CAPM pozostaje narzędziem pomiaru efektywności, które pozwala użytkownikom porównać pracę zarządu z realiami rynkowymi, a także wskazuje odpowiednią stopę dyskontową do obliczenia przyszłych przychodów przedsiębiorstwa.

OGRANICZENIA I ROZSZERZENIA

OGRANICZENIA I KRYTYKA

Ograniczenia CAPM są liczne, a krytyka dotyczy głównie przyjętych wcześniej założeń.

- **Niestabilność bety.** Dla przypomnienia, beta to względne ryzyko aktywa lub portfela w porównaniu z resztą rynku. Niestabilność ta wynika z faktu, że ryzyko aktywa jest zmienne, a więc może ulec zmianie w każdej chwili. Na przykład, wyobraź sobie, że kupuję aktywo finansowe w czasie t i obliczam *ryzyko x*, które podejmuję przy tej inwestycji. W tym momencie nie ma gwarancji, że w czasie $t + 1$ ryzyko x tego aktywa nie zmieni się z powodu czynników zewnętrznych (takich jak kryzys). Aby przezwyciężyć tę wadę, zarządzający na ogół bierze pod uwagę wszystkie bety, aby częściowo zmniejszyć ryzyko indywidualne.

- **Granica dywersyfikacji portfela.** Pełna dywersyfikacja portfela jest niemożliwa: inwestorzy powinni kupić pewną liczbę zdywersyfikowanych aktywów finansowych przed dążeniem do częściowej korelacji (w przypadku, gdy dywersyfikacja zmniejsza ryzyko). Ponadto, portfel o obniżonej korelacji może w końcu skorelować się z powodu zmieniającego się kontekstu gospodarczego, społecznego i politycznego.

- **Trudności w praktycznym zastosowaniu** w kontekście prognozowania.

- **Nierealistyczne założenia.** Jest prawie niemożliwe, aby mieć dokładne pojęcie o stopach wolnych od ryzyka, w które należy inwestować; nie ma jednolitego opodatkowania między aktywami finansowymi, natomiast koszty transakcyjne są bardzo realne itp.

- **Zależność badań CAPM od wyborów portfela rynkowego. Zależność** ta została opracowana przez ekonomistę Richarda Rolla.

SŁABOŚCI I KRYTYKA

Na szerszą skalę krytycy podważają względną skuteczność CAPM.

W związku z tym Roll kwestionuje możliwość sprawdzenia skuteczności modelu: według niego, aby go zweryfikować, musielibyśmy być w stanie zmierzyć efektywność portfela rynkowego, co jego zdaniem jest niemożliwe. Argumentuje, że skoro w skład portfela wchodzą nie tylko wszystkie akcje, ale także m.in. obligacje, nieruchomości i metale szlachetne, to nie da się go precyzyjnie zmierzyć i skutecznie włączyć do CAPM.

POWIĄZANE MODELE I ROZSZERZENIA

Podczas gdy CAPM opiera się wyłącznie na ocenie bety, czyli narzędzia do pomiaru ryzyka zmiennego, inne modele oferują alternatywne metody, które pozwalają również na określenie ryzyka finansowego.

Teoria cen arbitrażowych (APT)

Biorąc pod uwagę zmienność bet obserwowanych w CAPM, w 1976 roku Stephen Alan Ross (amerykański ekonomista, ur. 1944) przedstawił alternatywny model oparty na teorii arbitrażu.

Według niego istnieje kilka czynników ekonomicznych, które wpływają na rentowność:

- z jednej strony, czynniki ogólne, które jednocześnie wpływają na rentowność kilku aktywów;

- z drugiej strony, czynniki specyficzne dla danego składnika aktywów, które wpływają jedynie na jego rentowność.

Teoria arbitrażu twierdzi ponadto, że czynniki specyficzne dla różnych aktywów są niezależne od czynników ogólnych, a także są niezależne od siebie.

Zasada arbitrażu występuje wtedy, gdy dwa aktywa o tej samej wrażliwości na różne czynniki nie mają tego samego oczekiwanego zysku z kapitału. Jeśli nie ma możliwości arbitrażu, co oznacza, że mają one taki sam oczekiwany zysk, ryzyko rynkowe danego składnika aktywów musi być obliczone przy użyciu bet związanych z niespecyficznymi czynnikami rynkowymi, które wpływają na wszystkie inwestycje.

APT jest stosowana bardziej ogólnie niż CAPM. Jednak jej główna słabość polega na pochodzeniu i wyborze czynników wpływających na aktywa.

Model wieloczynnikowy

Model wieloczynnikowy próbuje przezwyciężyć wadę APT, a mianowicie identyfikację konkretnych czynników ekonomicznych, które mogą wpływać na ryzyko. Ponieważ ryzyko rynkowe dotyczy większości (jeśli nie wszystkich) inwestycji, pochodzi ono z czynników makroekonomicznych. Model definiuje więc ryzyko rynkowe jako ryzyko ekspozycji dowolnych aktywów na czynniki makroekonomiczne. W przypadku tego modelu podstawą do obliczenia ryzyka jest beta danego aktywa, odniesiona do czynników makroekonomicznych.

Model trójczynnikowy Famy-Frencha lub model zmiennej reprezentatywnej

 **DEFINICJE**

<u>Kapitalizacja rynkowa (MC)</u>: Wskaźnik oceny, który pozwala zmierzyć wielkość przedsiębiorstwa, a także inne kryteria, takie jak liczba pracowników czy obroty. Duży MC - stanowiący kilka miliardów funtów - odróżnia się od mniejszego MC.

<u>Wskaźnik Book-to-market</u>: Narzędzie używane do określenia, czy aktywo jest niedowartościowane czy przewartościowane. Jeśli wskaźnik jest większy niż 1, aktywa są niedowartościowane. Z drugiej strony, jeśli jest on mniejszy niż 1, to są one przewartościowane. Wskaźnik ten został określony przez amerykańskich ekonomistów Eugene Francisa Famę (ur. w 1939 r.,

Model ten został opracowany na początku lat 90. przez amerykańskich ekonomistów Eugene Francisa Famę i Kennetha Ronalda Frencha i czerpie inspirację z modelu wieloczynnikowego, który mówi, że na zwrot wpływa więcej, niż jeden czynnik. Model Famy-Frencha podkreśla istnienie dwóch czynników, które wpływają na zwrot:

- **Wielkość przedsiębiorstwa.** Fama i French mierzą wielkość spółki za pomocą kapitalizacji rynkowej (MC). Zauważają oni w szczególności, że aktywa z małych spółek MC, uznawanych za bardziej ryzykowne i o wyższym koszcie kapitału, mają wysoką średnią stopę zwrotu w porównaniu z większymi spółkami MC. W rezultacie papiery wartościowe pochodzące z małych spółek MC mają nadwyżkę zwrotu w stosunku do aktywów wolnych od ryzyka, która jest wyższa niż przewidywana przez CAPM.

- Podobnie jak kapitalizacja rynkowa, **akcje o wyższym wskaźniku book-to-market**, relatywnie niedoceniane przez rynek, są bardziej ryzykowne i mają wyższy koszt kapitału. Często jednak to właśnie te akcje przynoszą najwyższe stopy zwrotu.

Porównując WR i wskaźnik book-to market, Fama i French stwierdzają, że wskaźnik book-to market jest statystycznie bardziej istotny niż WR i jest głównym czynnikiem, który ma silny wpływ na aktywa. Co więcej, w długim okresie zauważyli, że związek pomiędzy wskaźnikiem book-to market a stopą zwrotu jest znacznie silniejszy i bardziej stabilny niż związek pomiędzy SN a stopą zwrotu.

Podsumowując, zyskowne inwestycje dokonywane są w spółki o niskiej kapitalizacji rynkowej i wysokiej wartości księgowej, co nie mogło być uwzględnione w modelu CAPM.

PRAKTYCZNE ZASTOSOWANIE

Ta część zawiera informacje o krokach, które należy wykonać i pytaniach, które należy zadać podczas wdrażania CAPM. Zawiera również przydatne zalecenia, aby uniknąć popełniania błędów.

PORADY I NAJLEPSZE PRAKTYKI

Określenie ryzyka inwestycji

Pierwszym krokiem jest określenie ryzyka inwestycji. Ryzyko to można zmierzyć za pomocą wariancji rzeczywistej rentowności, w stosunku do przewidywanego dochodu. Następnie można zaobserwować poziom ryzyka danego aktywa: brak ryzyka, niskie ryzyko lub wysokie ryzyko.

Rozróżnienie pomiędzy ryzykiem płatnym i niepłatnym

Po określeniu poziomu ryzyka konieczne jest rozróżnienie ryzyka płatnego i niepłatnego. Z każdym konkretnym aktywem wiążą się dwa rodzaje ryzyka: ryzyko specyficzne dla danej inwestycji, zwane "ryzykiem biznesowym" lub "ryzykiem nieodłącznym", oraz ogólne ryzyko wszystkich inwestycji, zwane "ryzykiem rynkowym".

- **Ryzyko specyficzne** może być kontrolowane w portfelu zdywersyfikowanym, jeśli inwestycja o określonym ryzyku stanowi tylko niewielką część portfela i może być np. zrównoważona przez mniej ryzykowne aktywa specyficzne. Mówimy wtedy o "średnim ryzyku", które odnosi się do różnych inwestycji ryzyka szczególnego z jednego portfela.

- **Ryzyka rynkowego,** które dotyczy wszystkich inwestycji, nie można go kontrolować, ponieważ obejmuje ono ogólnie wszystkie aktywa finansowe na rynku. Za tym ryzykiem kryją się dwa czynniki: ogólne zmiany w świecie gospodarczym – od podatków po politykę cenową – oraz to, jak inwestorzy odczuwają te potencjalne zmiany.

Wytrawny inwestor, który zwykle zapewniał sobie zdywersyfikowany portfel, nie otrzyma rekompensaty za ryzyko związane ze zmianami na rynku.

Pomiar ryzyka rynkowego

Do obliczenia tego ryzyka inwestor może wykorzystać różne metody, w tym CAPM, APT, model wieloczynnikowy oraz przedstawiony powyżej model Frencha-Famy. W zależności od przyjętych założeń ryzyko rynkowe jest różnie postrzegane i obliczane.

CAPM opiera się na tym, że poszczególne aktywa i portfele są oceniane według relacji ryzyko-zwrot oraz że celem każdego inwestora jest poszukiwanie najbardziej efektywnego portfela. Można to osiągnąć w trzech krokach.

1. Inwestor musi określić "efektywną granicę", czyli zbiór portfeli, które minimalizują ryzyko przy danym

średnim zysku z kapitału. Ten zbiór portfeli nazywamy zbiorem efektywnym i jest on reprezentowany przez obszar wewnątrz parasola. Poniżej widzimy, że punkt x nie jest racjonalny, gdyż dla tego samego poziomu ryzyka istnieje kombinacja o wyższej stopie zwrotu, e.

Suma zainwestowanych kwot powinna być równa 1. Im słabszy jest współczynnik korelacji, tym bardziej zmniejsza się ryzyko: krzywa obojętności przesuwa się wtedy w lewo.

Krzywa obojętności to zbiór kombinacji dwóch dóbr lub dwóch czynników, które zapewniają konsumentowi lub inwestorowi ten sam poziom satysfakcji. Oś Y, $E(R)$, odpowiada oczekiwanej stopie zwrotu, natomiast oś X odpowiada poziomowi ryzyka. Ponieważ każda krzywa daje inwestorowi taką samą satysfakcję, dla innej kombinacji ryzyka i zwrotu oraz niezależnie od konkretnej krzywej obojętności, wybierze on portfel o najwyższym zwrocie przy danym ryzyku.

2. W zależności od swojego stosunku do ryzyka (krzywa obojętności) inwestor wybiera "swój" optymalny portfel. Odpowiada to punktowi styczności między krzywą obojętności a efektywną granicą. Jeśli inwestor weźmie pod uwagę aktywa wolne od ryzyka, będzie mógł zainwestować część swoich aktywów w jeden z bardziej ryzykownych portfeli na efektywnej granicy aktywów ryzykownych, a drugą część w aktywa wolne od ryzyka.

3. Aby zmierzyć to ryzyko w sposób matematyczny, inwestor musi skorzystać ze wzoru określonego w teoretycznej definicji pojęcia:

4. Ponadto powszechnie wiadomo, że wyceny aktywów finansowych dokonywane są obecnie przez komputery.

ZALECENIA

Niezbędne założenia i warianty modelu

Stosując CAPM, należy mieć świadomość, że model ten nie zawsze jest realistyczny: biorąc pod uwagę obecną sytuację, założenia przyjęte przez model rzadko są aktualne. Dlatego też obliczanie relacji ryzyko-zwrot powinno być rozszerzone o szersze założenia i warianty. Poniżej przedstawiono kilka przykładów zaobserwowanych sprzeczności:

- Model uwzględnia w portfelu rynkowym jedynie papiery wartościowe będące przedmiotem obrotu na giełdzie. Portfel rynkowy powinien być definiowany przez wszystkie istniejące w gospodarce możliwości inwestycyjne, a więc jest znacznie szerszy.

- CAPM przyjmuje założenia, które są trudne do zastosowania w obecnym kontekście. Model teoretyczny musi więc zostać rozszerzony o realia naszego otoczenia, co często czyni go mniej trafnym i bardziej złożonym.

- Zero beta lub brak ryzyka. Zazwyczaj niemożliwe jest pożyczanie po stopie wolnej od ryzyka. Nie można naprawdę założyć, że istnieje aktywo wolne od ryzyka. CAPM musi być dostosowany do tej rzeczywistości.

- CAPM zakłada również, że nie ma podatku, nie ma kosztów transakcyjnych itp. Założenie to należy ponownie rozważyć, ponieważ inwestorzy są obciążeni podatkiem (w tym dywidendami i zyskami kapitałowymi ze sprzedaży) oraz kosztami transakcyjnymi. Jeśli uwzględni się wszystkie te dodatkowe koszty, inwestorzy będą mieli tendencję do ograniczania wielkości swoich portfeli poprzez kupowanie mniejszej liczby akcji.

Istnieje wiele rozszerzeń założeń i wariantów na temat tego modelu. W szczególności w rozdziale 3 swojej książki Quantitative Financial Economics: Stocks, Bonds and Foreign Exchange, Keith Cuthbertson przedstawia i rozwija niuanse CAPM oraz ich matematyczne zastosowania.

Wreszcie zaleca się, aby inwestor lub firma inwestująca uwzględniła czynnik "dywersyfikacji", który jest istotnym parametrem przy pomiarze ryzyka, w celu jego zmniejszenia. Ponadto należy zachować ostrożność, ponieważ nie istnieje coś takiego, jak zysk wolny od ryzyka! Ogólnie rzecz biorąc, dywersyfikacja portfela jest jednym z najlepszych sposobów ochrony inwestorów i ograniczenia ryzyka.

Zapasy

Wzrost liczby aktywów w portfelu wiąże się ze zmniejszeniem ryzyka, choć nie jest to rozwój liniowy. Efekty dywersyfikacji są początkowo znaczące, ale po pewnym czasie maleją, podczas gdy koszty związane z liczbą akcji (transakcje, koszty stałe itp.) rosną. Ponadto maksymalna dywersyfikacja zmniejsza zmienność stóp zwrotu z akcji. Przykładowo, jeżeli zmienność zostanie zmniejszona o 70%, to pozostałe 30% stanowi ryzyko "systematyczne", ponieważ nie jest możliwe całkowite wyeliminowanie ryzyka poprzez dywersyfikację (patrz: ryzyko rynkowe).

# ZARZĄDZANIE AKTYWNE I PASYWNE

Aktywne zarządzanie oferuje na ogół wyższe ryzyko, niż ryzyko rynkowe w zamian za wyższy oczekiwany zwrot.

Zarządzanie pasywne gwarantuje ryzyko równe ryzyku rynkowemu za nieco niższy oczekiwany zwrot.

Dywersyfikacja może odbywać się na różnych poziomach:

* w różnych strefach (Europa, USA, Japonia, kraje wschodzące itp.)

* na poziomie sektorów działalności

* w zależności od wielkości przedsiębiorstwa

* według stylu zarządzania (aktywny, pasywny itp.)

Oprócz akcji możemy wziąć inne przykłady, takie jak obligacje, gotówka i złoto, nie biorąc pod uwagę innych aktywów, takich jak fundusze inwestycyjne, dzieła sztuki itp.

- **Obligacje** oferują zazwyczaj niższe zyski niż akcje, ale ryzyko jest ograniczone.

- **Gotówka lub oszczędności** oferują przeważnie niższe stopy zwrotu niż akcje – z wyjątkami takimi, jak akcje Fortis, które w 2008 roku straciły około 95% wartości – ale o tym samym rzędzie wielkości co obligacje.

- **Złoto** charakteryzuje się wysokim ryzykiem przy niższej średniej stopie zwrotu niż inne aktywa.

STUDIUM PRZYPADKU

Kontekst

W ramach wealth management menedżer określa cel klienta, aby jak najlepiej go zrealizować. Ekspert analizuje całą sytuację inwestora – rodzinę, pracę, wzięcie i majątek. Ta analiza pozwala im określić bardziej szczegółowe potrzeby.

ZARZĄDZANIE MAJĄTKIEM – DLACZEGO WARTO?

Zarządzanie majątkiem to proces, w którym majątek prywatny (ruchomości, nieruchomości, gotówka itp.) jest oceniany w celu optymalizacji jego wykorzystania. Jeśli dana osoba posiada wiele nieruchomości, będą one podlegały stosunkowo wysokim podatkom. Wealth management dąży do minimalizacji kosztów poprzez optymalizację wykorzystania tych aktywów.

Jaki jest najbardziej efektywny portfel dla tego inwestora-klienta według modelu CAPM?

Problem polega na ocenie i wyznaczeniu efektywnego portfela w zależności od typu inwestora, z którym ma do czynienia wealth manager.

 **RODZAJE INWESTORÓW**

Banki i instytucje finansowe wyróżniają na ogół cztery rodzaje inwestorów:

inwestor podejmujący ryzyko, pewny przyszłości i poszukujący wyników;

inwestor perspektywiczny, zarówno pewny przyszłości, jak i niechętny do podejmowania ryzyka;

wydawca (konsument);

inwestor, który pesymistycznie patrzy w przyszłość i niechętnie podejmuje ryzyko.

Po pierwsze, menedżer musi określić kilka parametrów rynku:

- **Wybór referencyjnego portfela rynkowego.** Istnieje kilka indeksów giełdowych, które gromadzą reprezentatywny zestaw aktywów na rynkach. Należą do nich CAC 40, który charakteryzuje 40 największych kapitalizacji rynkowych we Francji, oraz S&P 500 w Ameryce.

- **Wybór aktywów wolnych od ryzyka.** Możemy uznać obligacje rządowe lub produkty ubezpieczenia na życie za aktywa o ograniczonym ryzyku. Chociaż ryzyko jest ograniczone – a zatem nigdy nie jest całkowicie zerowe – zwrot jest niepewny i zmienny.

- **Wybór portfela klientów.** CAPM zakłada, że wszystkie aktywa finansowe na rynku są prawidłowo oszacowane: każde z nich ma określone ryzyko i oczekiwaną stopę zwrotu. Zarządzający wybiera wraz z inwestorem, który jest świadomy nieuchronnej zależności między zwrotem z aktywów a ryzykiem, portfel, który najbardziej odpowiada oczekiwaniom klienta. Wybór zawartości portfela dla klienta będzie więc bezpośrednio związany z jego ekspozycją na portfel rynkowy. Ten współczynnik ekspozycji (beta) można łatwo uzyskać dzięki informacjom finansowym przekazywanym przez indeks giełdowy. Po określeniu bety warto ustalić strategię, która spełni wymagania inwestora.

- **Warianty modelu: beta, zmienność i wydajność portfela.** Obliczanie parametrów CAPM może odbywać się na różne sposoby:

  - Wykorzystanie wcześniejszych danych historycznych opartych na efektach epizodycznych. Wymaga to jednak ostrożności: ponieważ zmiany w danych historycznych są zazwyczaj związane z określonymi okresami (na przykład okresami kryzysu), nie zapewniają one pełnej obiektywności.

  - Poprzez dane finansowe, które są już dostępne i używane na różnych platformach. Tutaj również należy zachować ostrożność, ponieważ niektóre analizy mogą być subiektywne i stronnicze.

- Wreszcie, poprzez raporty korporacyjne i prognozy gospodarcze.

Ogólnie rzecz biorąc, zarządzający poszukuje najbardziej kompletnych – a zatem najbardziej wiarygodnych – informacji, aby uniknąć dodawania dalszego ryzyka do portfela inwestora. Po określeniu wariantów modelu, CAPM określa najlepszy możliwy podział zasobów finansowych inwestora, przy jednoczesnym poszanowaniu jego życzeń w zakresie zwrotów, ryzyka i rodzajów aktywów.

Symulacja portfela

Wyobraźmy sobie względnie zdywersyfikowany portfel z aktywami w różnych sektorach, emitowanymi przez spółki o różnym znaczeniu, inwestujące na różnych rynkach geograficznych.

W skład tego portfela wchodzi 15 niemieckich obligacji rządowych, 20 udziałów w Belfiusie, 8 udziałów w kambodżańskiej spółdzielni rolniczej i 10 innych udziałów w amerykańskich nieruchomościach.

Znajomość poziomu korelacji jest ważna, ponieważ pozwala nam stwierdzić, czy portfel jest bardzo ryzykowny (współczynnik bliski 1; korelacja dodatnia), czy nie (współczynnik bliski 0; korelacja ujemna). Ponadto współczynnik efektywności daje informację o poziomie kontroli ryzyka, a więc o względnym bezpieczeństwie aktywów. Wydajność ta jest obliczana przy użyciu współczynnika ekonomisty Williama Sharpe'a, dzięki czemu każdy negatywny wynik jest usuwany z portfela.

Analiza wydajności może obejmować dwa wymiary:

- wymiar graficzny

- wymiar matematyczny, wyrażony przez wartość portfela i wartość aktywów wchodzących w jego skład.

W przypadku naszego portfela widzimy, że przyjęta dywersyfikacja jest dobra, ale można ją poprawić, w szczególności poprzez wybór mniej skorelowanych aktywów.

Wniosek

CAPM umożliwia prostą analizę ruchów na rynku i ekspozycji na ryzyko danych aktywów. Jednak bez rozszerzeń modelu jest on mało - lub wcale - użyteczny i nieefektywny. Na przykład wskaźnik Sharpe'a jest ważnym narzędziem do pomiaru wyników aktywów w złożonym środowisku, takim jak dzisiejsze.

PODSUMOWANIE

- CAPM to metoda matematyczna, która pozwala obliczyć oczekiwaną stopę zwrotu dowolnego aktywa finansowego.

- Model ten pojawił się w latach 50. ubiegłego wieku, w okresie rozwoju i standaryzacji rynków finansowych, ponieważ inwestorzy chcieli mieć więcej informacji i zabezpieczeń zapewniających rentowność aktywów finansowych.

- Teoretycy:
  - w 1921 roku Frank Knight zdefiniował pojęcia niepewności i ryzyka;
  - w 1950 roku prace Harry'ego Markowitza stały się początkiem nowoczesnej teorii dywersyfikacji i portfeli;
  - wreszcie od 1964 roku ekonomiści tacy, jak William Sharpe, John Lintner, Jan Mossin i Fischer Black opracowali istniejące modele finansowe, co doprowadziło do powstania CAPM.

- Przy stosowaniu modelu należy:
  - wyznaczyć efektywną granicę portfeli;
  - wyznaczyć optymalny portfel, poprzez dywersyfikację portfela aktywów w celu minimalizacji ryzyka systematycznego przy zachowaniu określonego poziomu rentowności.
  - mierzyć ryzyko i rentowność portfela.

- Model jest przydatny tylko wtedy, gdy nie ma brakujących informacji i nie ma kosztów transakcyjnych. Optymalny zdywersyfikowany portfel jest więc taki sam dla wszystkich inwestorów.

- Głównymi ograniczeniami tego modelu jest brak możliwości zastosowania przyjętych założeń oraz niestabilność wartości beta.

- Rozszerzeniem CAPM są trzy modele: teoria APT (arbitrażu cenowego), model wieloczynnikowy oraz model trójczynnikowy Famy-Frencha.

DALSZE CZYTANIE

BIBLIOGRAFIA

Baudot, J.-Y. (Bez daty) Le MÉDAF. *JYBaudot.fr.* [Online]. [Dostęp 26 czerwca 2014]. Dostępny w: < http://www.jybaudot.fr/Bourse/medaf.html>.

Broquet, C., Cobbaut, R., Gillet, R. i van den Berg, A. (2004) *Gestion de portefeuille.* Bruksela: De Boeck.

Damodaran, A. (2006) *Finance d'entreprise. Théorie et pratique.* Bruksela: De Boeck.

Desquilbet, J.-B. (Bez daty) Le MÉDAF. Modèle d'évaluation des actifs financiers. *Université d'Artois.* [Online]. [Dostęp 26 czerwca 2014]. Dostępny w: < http://jb.desquilbet.pagesperso-orange.fr/docs/A_M2thfi_2_MEDAF.pdf>.

Gaga, O. i Tarib, A. (Bez daty) Le Modèle d'Équilibre des Actifs Financiers. Cas d'ITISSALAT AL-MAGHRIB. *Scribd.* [Online]. [Dostęp 26 czerwca 2014]. Dostępny w: < http://fr.scribd.com/doc/24407264/Modele-d-equilibre-des-actifs-financiers-MEDAF-CAPM>

Limaiem, I. (2009) Les facteurs du modèle Fama et French: cas du marché des actions canadiennes. *Université du Québec à Montréal.* [Online]. [Dostęp 8 lipca 2014]. Dostępny w: < http://www.archipel.uqam.ca/2202/1/M10858.pdf>.

Moisson, J.-C. (Bez daty) *Méthodes et principes de gestion de portefeuille benchmarkée.* [Online]. [Dostęp 26 czerwca 2014]. Dostępny w: < http://www.bm.com.tn/ckeditor/files/gestion_de_portefeuille_bench.pdf>.

Ngoma, F. (2009) Évaluation des actifs financiers par le MÉDAF. Validation empirique de la relation risque-rendement par les modèles économétriques. *Mémoire Online*. [Online]. [dostęp 26 czerwca 2014]. Dostępny w: < http://www.memoireonline.com/07/10/3749/Evaluation-des-actifs-financiers-par-le-MEDAF-validation-empirique-de-la-relation-risque-rendement-.html>

Statistics Canada (Bez daty) *Wariancja i odchylenie standardowe*. [Online]. [Dostęp 26 czerwca 2014]. Dostępny w: < http://www.statcan.gc.ca/edu/power-pouvoir/ch12/5214891-eng.htm>.

DODATKOWE ŹRÓDŁA

Back, K.E. (2010) *Asset Pricing and Portfolio Choice Theory (Financial Management Association Survey and Synthesis)*. New York: Oxford University Press USA.

Capiński, M.J. i Kopp, E. (2014) *Portfolio Theory and Risk Management (Mastering Mathematical Finance)*. Cambridge: Cambridge University Press.

Cuthbertson, K. i Nitzsche, D. (2004) *Quantitative Financial Economics: Stocks, Bonds and Foreign Exchange*. [2nd edition]. West Sussex: John Wiley & Sons.

Levy, H. (2011) *The Capital Asset Pricing Model in the 21st Century: Analytical, Empirical, and Behavioral Perspectives*. New York: Cambridge University Press.

Chcemy usłyszeć od Ciebie, co się dzieje!
Zostaw komentarz na temat swojej internetowej biblioteki
i podziel się swoimi ulubionymi książkami w mediach społecznościowych!

Wydawca zapewnia o wiarygodności publikowanych informacji, co jednak nie może wiązać się z jego odpowiedzialnością.

Master ISBN : 9782808066594
Papierowy ISBN : 9782808099844
Depozyt prawny: D/2022/12603/159

Projekt cyfrowy: Primento – cyfrowy partner wydawców.